LUCRANDO COM
BARBEARIA
◦GUIA COMPLETO◦

SE TORNE UM BARBEIRO
PROFISSIONAL E APRENDA
O SEGREDO PARA MONTAR SUA BARBEARIA

Sumário

Sobre o autor

AVANTE EDITORIAL é um empreendedor residente no **BRASIL**, que adora compartilhar conhecimento e ajudar outras pessoas no tópico referente a **NEGÓCIOS**.

AVANTE EDITORIAL é uma empresa dedicada, que sempre se esforça para ir além. Palavras De Sabedoria de **AVANTE EDITORIAL**:

"Eu acredito que não há segredos para se tornar bem-sucedido na vida. Nós realmente acreditamos que o resultado do verdadeiro
sucesso na vida é proveniente do trabalho duro, da preparação e, o mais importante de tudo, do aprendizado através das falhas.".

LUCRANDO COM
BARBEARIA
GUIA COMPLETO
HISTÓRIA DA BARBEARIA

HISTÓRIA DA BARBEARIA

A história da barbearia remonta a milhares de anos atrás, com evidências de barbeiros e barbearias sendo encontradas em civilizações antigas, como a egípcia e a romana.

Durante a Idade Média, os barbeiros não apenas cortavam o cabelo e faziam a barba, mas também realizavam cirurgias menores, extrações dentárias e tratamentos médicos simples, como sangrias e aplicação de ventosas. Isso ocorreu porque os barbeiros eram considerados cirurgiões leigos, e as cirurgias eram proibidas pelos médicos da época.

No século XVIII, a profissão de barbeiro começou a se especializar mais em cortes de cabelo e barbas, enquanto as práticas médicas foram deixadas para os profissionais de saúde. Nessa época, as barbearias tornaram-se lugares populares para os homens se reunirem, socializarem e receberem notícias e fofocas da comunidade.

Com o tempo, as barbearias se tornaram instituições tradicionais em muitas culturas, e o ofício do barbeiro tornouse uma profissão respeitada e valorizada.

Na década de 1960, no entanto, a popularidade do cabelo longo e barbas tornou-se uma tendência, levando muitos homens a optarem por um estilo mais natural e a visitarem menos as barbearias.

Hoje, as barbearias continuam sendo um lugar importante para muitos homens, especialmente aqueles que desejam uma experiência de corte de cabelo e barba personalizada e de alta qualidade. Com o ressurgimento da moda vintage, as barbearias têm sido cada vez mais valorizadas por sua estética retrô e seus serviços especializados.

HISTÓRIA DA BARBEARIA

Há várias vantagens em abrir uma barbearia no Brasil, algumas delas são:

1. Crescimento do mercado: Nos últimos anos, houve um grande aumento na procura por serviços de barbearia no Brasil. Esse aumento é impulsionado por uma maior conscientização sobre a importância da aparência pessoal, bem como pela busca por experiências únicas e de alta qualidade.

2. **Baixo custo inicial**: Em comparação com outros tipos de negócios, abrir uma barbearia pode ser relativamente barato. O custo inicial pode incluir a compra de equipamentos e materiais, além do aluguel de um espaço para a barbearia.

3. **Fidelização de clientes**: Os clientes de barbearia costumam se tornar fiéis, principalmente se o serviço prestado for de alta qualidade e o ambiente for acolhedor. A fidelidade dos clientes pode garantir um fluxo constante de renda e pode ajudar a atrair novos clientes através de recomendações.

4. **Flexibilidade**: Uma barbearia pode ser adaptada para atender às necessidades dos clientes, oferecendo serviços personalizados, horários flexíveis e diferentes pacotes de serviços para atender às necessidades de cada cliente.

5. **Potencial de crescimento**: Com o tempo, uma barbearia bem-sucedida pode expandir seus serviços e oferecer novos produtos, como produtos de cuidados pessoais e outros serviços de estética masculina.

6. **Independência**: Abrir uma barbearia permite que você seja seu próprio chefe e trabalhe em seu próprio ritmo. Além disso, você pode escolher sua própria equipe e desenvolver suas próprias estratégias de negócios.

7. **Satisfação pessoal**: Muitos proprietários de barbearias relatam uma grande satisfação pessoal ao ver seus negócios crescerem e prosperarem. Além disso, o trabalho em uma barbearia pode ser divertido e gratificante, já que você pode ajudar os clientes a se sentirem bem consigo mesmos.

- *os tipos de barbearia no brasil*

Existem vários tipos de barbearias no Brasil, cada uma com suas próprias características e especialidades. Alguns exemplos incluem:

1. **Barbearias Tradicionais**: Essas barbearias são inspiradas nas barbearias clássicas do século XX, com uma decoração vintage e serviços tradicionais, como barba, cabelo, e tratamentos de pele.

2. **Barbearias Modernas**: As barbearias modernas são mais voltadas para um público jovem e costumam ter uma decoração mais contemporânea, oferecendo serviços que vão além do corte de cabelo e barba, como tatuagens e piercings.

3.**Barbearias Gourmet**: Essas barbearias oferecem uma experiência luxuosa aos clientes, com serviços personalizados e produtos de alta qualidade, incluindo cervejas artesanais, uísques e charutos.

4. **Barbearias de Bairro**: Essas barbearias são mais simples e

estão presentes em muitos bairros pelo Brasil, oferecendo serviços básicos de corte de cabelo e barba a preços acessíveis.

5.**Barbearias Femininas**: As barbearias femininas são projetadas para mulheres que desejam cortar o cabelo ou fazer a barba, e oferecem uma variedade de serviços, incluindo penteados, coloração, tratamentos capilares e maquiagem.

6.**Barbearias Socialmente Responsáveis**: Essas barbearias focam em causas sociais e ambientais, utilizando produtos sustentáveis e promovendo iniciativas de responsabilidade social.

Esses são apenas alguns exemplos de tipos de barbearias no Brasil, e muitas vezes uma barbearia pode ter características de mais de um desses tipos. O importante é escolher a que melhor atenda às suas necessidades e preferências.

LUCRANDO COM
BARBEARIA
⟡ GUIA COMPLETO ⟡

EQUIPAMENTOS NECESSÁRIOS

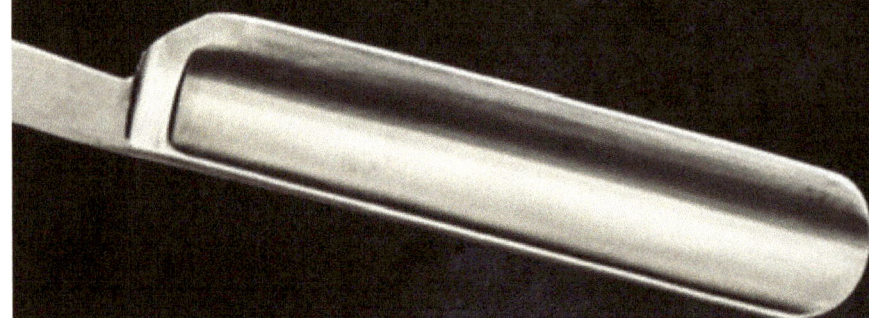

Equipamentos necessários

Para montar uma barbearia básica, você vai precisar de alguns equipamentos e materiais, tais como:

1. Cadeira de barbeiro: Uma cadeira confortável para o cliente se sentar enquanto você corta o cabelo dele.

2. Espelho: Um espelho grande o suficiente para o cliente poder ver o corte de cabelo e a barba.

3. Tesouras: Tesouras de corte de cabelo de alta qualidade, tesouras de desbaste e tesouras de acabamento.

4. Navalha: A navalha é utilizada para fazer barbas.

5. Escovas: Escovas de cabelo de diferentes tamanhos e cerdas para modelar e pentear cabelos e barbas.

6. Pentes: Pentes de diferentes tamanhos para cortar e pentear cabelos.

7. Máquina de corte de cabelo: Uma máquina elétrica para cortar cabelo e barba.

8. Toalhas: Toalhas limpas e macias para secar o cabelo e a barba.

9. Capa: Uma capa para proteger as roupas do cliente de cabelos e pelos.

10. Produtos para cabelo e barba: Shampoo, condicionador, loção para barba, cera, pomada, gel e outros produtos para cabelo e barba.

11. Esterilizador: Para esterilizar tesouras, navalhas e outros equipamentos após o uso.

12. Produtos de limpeza: Desinfetante, limpador de superfície e outros produtos de limpeza para manter o ambiente limpo e higiênico.

13. Acessórios decorativos: Quadros, espelhos decorativos e outros itens para decorar a barbearia.

14.   **Sistema de som**: Para colocar música e criar um ambiente agradável para os clientes.

Esses são alguns dos equipamentos e materiais que você vai precisar para montar uma barbearia básica. Você também pode adicionar outros itens, dependendo das necessidades do seu negócio.

LUCRANDO COM
BARBEARIA
─GUIA COMPLETO─

COMO LEGALIZAR UMA
BARBEARIA
AQUI NO BRASIL

Como legalizar uma barbearia no Brasil

Para legalizar uma barbearia no Brasil, você precisará seguir os seguintes passos:

1. Registro na Junta Comercial: o primeiro passo é registrar a barbearia na Junta Comercial do seu estado. Para isso, é necessário escolher um nome para a empresa e elaborar um contrato social.

2. Obtenção do CNPJ: depois de registrar a empresa na Junta Comercial, é necessário obter o Cadastro Nacional de Pessoa Jurídica (CNPJ) junto à Receita Federal.

3. Licença da prefeitura: em seguida, é preciso solicitar a licença da prefeitura para funcionamento da barbearia. A obtenção dessa licença varia de acordo com as normas de cada município.

4. Alvará de funcionamento: a obtenção do alvará de funcionamento é obrigatória para qualquer empresa que deseje operar legalmente no Brasil. É necessário solicitar esse documento na prefeitura da sua cidade.

5. Registro no Corpo de Bombeiros: algumas cidades exigem que as empresas obtenham um certificado do Corpo de Bombeiros, atestando que o estabelecimento é seguro para os clientes e funcionários.

6. Registro no Sindicato: por fim, é importante registrar a barbearia no sindicato da categoria. Essa medida garante que a empresa esteja em conformidade com as normas trabalhistas e esteja apta a contratar funcionários.

Em resumo, a legalização de uma barbearia no Brasil envolve o registro na Junta Comercial, obtenção do CNPJ, licença da prefeitura, alvará de funcionamento, registro no Corpo de Bombeiros e registro no sindicato da categoria. É importante buscar informações específicas do seu município e estado para garantir o cumprimento de todas as exigências legais.

- *O investimento para abrir uma barbearia*

O investimento para abrir uma barbearia no Brasil pode variar bastante, dependendo de diversos fatores, como localização, tamanho do espaço, equipamentos e mobiliário, serviços oferecidos, entre outros.

No entanto, em geral, é possível estimar um investimento mínimo necessário para iniciar uma barbearia, considerando alguns aspectos básicos. Dessa forma, aqui vão algumas estimativas de custos:

1.   Localização: o aluguel de um espaço comercial pode variar bastante dependendo da região. Em cidades grandes e regiões nobres, os valores costumam ser mais altos. Em média, o aluguel de um espaço para uma barbearia pode custar entre R$ 1.500,00 e R$ 3.000,00 por mês.

2.   Mobiliário e Equipamentos: para equipar uma barbearia, é preciso investir em cadeiras, espelhos, lavatórios, toalhas, tesouras, máquinas de corte, entre outros. O custo para adquirir esses itens pode variar bastante, dependendo da qualidade e quantidade. Em média, o investimento inicial pode ficar entre R$ 10.000,00 e R$ 20.000,00.

3.   Serviços oferecidos: dependendo dos serviços oferecidos, é preciso investir em produtos como shampoos, condicionadores, cremes de barbear, entre outros. O custo desses produtos pode variar bastante, mas é possível estimar um investimento inicial de cerca de R$ 3.000,00.

Marketing e divulgação: para atrair clientes, é importante investir em marketing e divulgação da barbearia. Esse investimento pode variar bastante, dependendo das estratégias adotadas. Em média, é possível investir cerca de R$ 2.000,00 em marketing e divulgação.

Somando todos esses custos, é possível estimar um investimento mínimo necessário para abrir uma barbearia no Brasil em cerca de R$ 16.000,00 a R$ 28.000,00. No entanto, é importante lembrar que esses valores são apenas uma estimativa e que os custos podem variar bastante

LUCRANDO COM

BARBEARIA

GUIA COMPLETO

COMO ESCOLHER O LOCAL PARA ABRIR A SUA

BARBEARIA

Como escolher o local para abrir a sua barbearia

A escolha da melhor localização para abrir uma barbearia depende de vários fatores, como o público-alvo, a concorrência local e o fluxo de pessoas na região. No entanto, algumas sugestões para escolher uma boa localização incluem:

1. Áreas comerciais movimentadas: procure por áreas com alto tráfego de pedestres e carros, como ruas comerciais movimentadas ou shoppings. Esses locais são ideais para barbearias que desejam atrair clientes que estão fazendo compras ou que estão passeando pela região.

2. Bairros residenciais: bairros residenciais também podem ser uma boa opção para uma barbearia, especialmente se houver uma demanda por serviços de barbearia na região. Procure por áreas com uma população de classe média ou alta e uma grande concentração de moradias.

3. Proximidade a empresas e escritórios: se sua barbearia tem como público-alvo profissionais que trabalham em escritórios e empresas, considere abrir sua barbearia próxima a esses locais.

Isso pode atrair clientes que desejam cortar o cabelo ou fazer a barba durante o horário de almoço ou depois do trabalho.

4. Áreas próximas a universidades: se sua barbearia tem como público-alvo jovens adultos, considere abrir sua barbearia próxima a universidades ou faculdades. Esses locais podem atrair estudantes que desejam cortar o cabelo ou fazer a barba regularmente.

5.Proximidade a concorrentes: embora possa parecer contraintuitivo, abrir sua barbearia próxima a concorrentes pode ser uma boa estratégia de negócios, especialmente se a concorrência estiver prosperando na região. Essa estratégia pode ajudar a atrair clientes que estão buscando outras opções na região.

Lembre-se de fazer uma pesquisa de mercado e análise de viabilidade antes de decidir sobre a localização da sua • *como se destacar no ramo de barbearia*

Existem algumas estratégias que podem ajudar a se destacar no ramo de barbearia no Brasil, tais como:

1. **Ofereça um serviço de qualidade**: Um serviço de qualidade é a base de qualquer negócio, então certifique-se de que seus serviços são excelentes e que seus clientes ficam satisfeitos com o resultado.

2. **Invista em sua formação**: Aprender técnicas novas, estudar a anatomia do rosto e cabelo, e entender as tendências de mercado, são essenciais para se manter atualizado e oferecer um serviço de qualidade.

3. **Tenha um espaço agradável**: A aparência do local é importante para os clientes se sentirem confortáveis e seguros, então invista em um ambiente limpo, bem iluminado e aconchegante.

4. **Atendimento personalizado**: Ouça o que o cliente quer e ofereça sugestões de acordo com o estilo de vida e personalidade, para que ele se sinta único e exclusivo.

5. **Marketing digital**: Utilize as redes sociais para divulgar seu trabalho e seus serviços, mostrando fotos e vídeos do antes e depois de seus clientes.

6. **Crie parcerias**: Faça parcerias com outros profissionais do ramo, como barbeiros, cabeleireiros e esteticistas, para trocar experiências e indicações.

7. **Fidelização de clientes**: Invista em programas de fidelidade, brindes, descontos e promoções, para que seus clientes se sintam valorizados e voltem a te procurar.

Lembre-se que a constante busca por melhorias é fundamental para se destacar no mercado de barbearia no Brasil. Seja criativo, esteja sempre atualizado e ofereça um serviço de qualidade.

- *como precificar os serviços*

ComPrecificar os serviços da barbearia pode ser um desafio para muitos barbeiros. Aqui estão algumas dicas para ajudar na precificação:

1. **Calcule os custos**: Antes de precificar seus serviços, é importante calcular todos os custos envolvidos. Isso inclui custos de materiais, como lâminas, cremes, e loções, além dos custos de aluguel, contas, e outros gastos operacionais.

2. **Considere o mercado**: Verifique os preços cobrados por barbearias concorrentes na sua região. Não é recomendado precificar muito acima ou abaixo do que os seus concorrentes cobram.

3. **Considere o tempo**: O tempo é um fator importante na precificação dos serviços. Considere o tempo médio que leva para realizar cada serviço e o valor que você deseja ganhar por hora.

4. **Ofereça pacotes de serviços**: Oferecer pacotes de serviços, como um corte de cabelo mais barba ou uma limpeza de pele com barba, pode ser uma boa maneira de incentivar os clientes a gastarem mais.

5. **Cobre um valor justo**: É importante cobrar um valor justo pelo seu trabalho, mas também é importante não cobrar demais. Considere o valor que os seus clientes estão dispostos a pagar pelos seus serviços.

Lembre-se de que a precificação é um processo contínuo, e é importante revisar os preços regularmente para garantir que eles estejam em linha com o mercado e seus custos operacionais. Combinar um bom atendimento ao cliente, serviços de qualidade e preços justos pode ser a chave para o sucesso da sua barbearia.

LUCRANDO COM BARBEARIA

GUIA COMPLETO

SEGURANÇA E CUIDADOS NA BARBEARIA

Segurança e Cuidados na barbearia

A segurança e a higiene são extremamente importantes em qualquer estabelecimento de barbearia. Alguns cuidados essenciais incluem:

1. **Lave as mãos**: Antes e depois de cada atendimento, é importante que o barbeiro lave bem as mãos com água e sabão ou use um desinfetante para as mãos.

2. **Higienize os equipamentos**: Todos os equipamentos utilizados na barbearia, como tesouras, navalhas, pentes e máquinas, devem ser higienizados após cada atendimento. Utilize álcool 70% ou outra solução de limpeza recomendada para desinfetar os equipamentos.

3. **Descarte de materiais**: Materiais descartáveis, como lâminas de barbear, devem ser descartados imediatamente após o uso.

4. **Troca de toalhas**: As toalhas devem ser trocadas após cada atendimento e lavadas com água quente e detergente.

5. **Uso de luvas**: Em alguns procedimentos, como o corte de cabelo ou a barba em clientes com feridas ou acne, o barbeiro deve usar luvas descartáveis para evitar contaminação.

6. **Prevenção de acidentes**: O barbeiro deve estar atento aos equipamentos e às condições do ambiente para evitar acidentes com os clientes, como cortes acidentais ou queimaduras.

7. **Uso de EPIs**: Equipamentos de Proteção Individual, como máscaras e protetores auriculares, devem ser utilizados para proteger o barbeiro e o cliente de possíveis riscos à saúde.

É importante que o barbeiro esteja sempre atualizado sobre as normas e regulamentações da vigilância sanitária e siga todas as medidas de segurança e higiene para garantir um ambiente seguro e saudável para os clientes e para si mesmo. ● *como manusear uma máquina na barbearia*

O ==manuseio de uma máquina de cortar cabelo== em uma barbearia requer habilidade e conhecimento adequados para garantir um corte de cabelo limpo e seguro. Aqui estão algumas dicas para manusear uma máquina de cortar cabelo na barbearia:

1. Certifique-se de que a máquina esteja limpa e bem conservada antes de usá-la. Limpe as lâminas e as partes externas da máquina com uma escova e um pano macio para remover qualquer sujeira ou detritos.

2. Antes de começar a cortar o cabelo, defina a altura da lâmina de acordo com o comprimento desejado. Use um pente de altura para ajustar a lâmina para a altura correta.

3. Comece cortando o cabelo no sentido contrário ao crescimento. Isso ajudará a garantir um corte uniforme e evitar puxões dolorosos no couro cabeludo.

4. Use uma mão para segurar a máquina e a outra para segurar o cabelo e direcioná-lo para a lâmina. Mantenha a mão que segura o cabelo próxima à lâmina, mas nunca a coloque diretamente sobre a lâmina.

5. Mantenha a máquina perpendicular ao couro cabeludo paragarantir um corte uniforme e evitar cortes irregulares ou desnivelados.

6. Use movimentos suaves e consistentes para cortar o cabelo,começando pelas laterais e trabalhando em direção ao topo da cabeça.

7. Verifique o corte frequentemente para garantir que ele esteja uniforme e do comprimento desejado. Use um pente para pentear o cabelo e ver se há alguma área que precise de mais atenção.

8. Depois de terminar o corte, limpe a máquina e as lâminascom uma escova e um pano macio para remover qualquer cabelo ou sujeira restantes.

É importante lembrar que cada máquina de cortar cabelo pode ter suas próprias especificidades de manuseio, então é importante ler o manual do fabricante para obter instruções específicas. Além disso, é essencial seguir os cuidados de higiene e segurança para garantir um serviço de qualidade e seguro para o cliente e para o profissional de barbearia.

DICAS DE MÁQUINAS de cortar cabelo

Escolher a máquina de cortar cabelo certa para a sua barbearia pode fazer toda a diferença na qualidade do serviço oferecido aos seus clientes. Aqui estão algumas dicas para escolher a melhor máquina de cortar cabelo para sua barbearia:

1. Considere o tipo de trabalho que você vai realizar. Se você estiver trabalhando com cortes de cabelo básicos, uma máquina comum pode ser suficiente. No entanto, se você estiver procurando realizar cortes mais avançados ou trabalhar com cabelos mais grossos, uma máquina mais potente pode ser necessária.

2. Escolha uma máquina de cortar cabelo que seja fácil de manusear e tenha um bom design ergonômico. Isso irá ajudar a minimizar a fadiga do braço e da mão durante longas sessões de trabalho.

3. Verifique a qualidade da lâmina da máquina. Lâminas afiadas e de alta qualidade garantem um corte de cabelo mais limpo e preciso.

4. Considere o comprimento do cabo da máquina. Um cabo mais longo pode proporcionar mais liberdade de movimento e facilitar o manuseio da máquina.

5. Verifique se a máquina de cortar cabelo tem opções de ajuste de altura da lâmina, permitindo que você corte o cabelo em diferentes comprimentos.

6. Verifique se a máquina de cortar cabelo tem recursos adicionais, como ajuste de velocidade, opções de bateria e acessórios opcionais, como pentes guia.

7. Considere o preço. Máquinas de cortar cabelo variam em preço, então verifique se o preço se ajusta ao seu orçamento.

Lembre-se de sempre ler as avaliações dos clientes e as recomendações de outros profissionais de barbearia antes de fazer sua escolha. Uma máquina de cortar cabelo de qualidade pode fazer toda a diferença na qualidade do serviço que você oferece.

como manusear uma navalha na barbearia

manuseio de uma navalha na barbearia requer técnica e habilidade para garantir um barbear suave e preciso. Aqui estão algumas dicas para manusear uma navalha na barbearia:

1.   **Mantenha a navalha afiada**: É importante manter a navalha afiada para garantir um barbear suave e preciso. Antes de cada uso, verifique se a lâmina está afiada o suficiente.

2.   **Higienize a navalha**: Antes de usar a navalha, certifique-se de higienizá-la corretamente. Lave a navalha com água e sabão, seque-a bem e esterilize-a com um produto adequado para evitar contaminação por bactérias e vírus.

3.   **Segure a navalha corretamente**: Para segurar a navalha corretamente, coloque o dedo indicador na espiga (a parte que conecta a lâmina ao cabo) e o polegar no calcanhar (a extremidade da lâmina). Os outros dedos podem segurar o cabo para mais estabilidade.

4.   **Ângulo da navalha**: Mantenha a navalha em um ângulo de cerca de 30 graus em relação à pele. Isso ajudará a evitar cortes e irritação na pele.

5 . **Pressão adequada**: Use uma pressão suave e constante para garantir um barbear suave e uniforme. Não pressione a navalha com muita força, pois isso pode causar cortes e irritação na pele.

6.   **Barbear no sentido do crescimento do cabelo**: Barbear na direção do crescimento do cabelo ajuda a evitar irritações e cortes na pele.

7.   **Finalize com uma loção pós-barba**: Após o barbear, finalize com uma loção pós-barba para acalmar e hidratar a pele.

Praticar a técnica de manuseio da navalha na barbearia requer prática e paciência, então não tenha medo de pedir orientações e conselhos a um barbeiro experiente.

Quando se trata de escolher uma navalha para a barbearia, é importante considerar alguns fatores importantes. Aqui estão algumas dicas para ajudar a escolher a melhor navalha para a sua barbearia:

1.   Tipo de navalha: Existem dois tipos principais de navalhas para barbearia: a navalha reta e a navalha de segurança. A navalha reta é uma escolha popular para barbearias tradicionais, enquanto a navalha de segurança é uma escolha mais moderna e conveniente. Ambos os tipos de navalhas podem proporcionar um barbear suave e preciso, mas a escolha dependerá das preferências do barbeiro e do estilo da barbearia.

2.   Qualidade da lâmina: A qualidade da lâmina é um fator importante a ser considerado ao escolher uma navalha. As lâminas devem ser afiadas o suficiente para garantir um barbear preciso e suave, mas também duráveis para que não precisem ser substituídas com frequência.

3.   Material do cabo: O material do cabo da navalha é outro fator a ser considerado.

Os cabos podem ser feitos de diferentes materiais, como madeira, metal ou plástico, e a escolha dependerá do estilo e da preferência do barbeiro.

4.   Preço: O preço também é um fator importante a ser considerado ao escolher uma navalha para a barbearia. Embora as navalhas mais caras possam ter uma qualidade superior, é possível encontrar opções de boa qualidade a preços mais acessíveis.

Algumas opções populares de navalhas para barbearia incluem as navalhas retas Dovo, Böker e Feather, e as navalhas de segurança Merkur, Parker e Edwin Jagger. É importante também investir em um afiador de navalhas de qualidade para manter as lâminas afiadas e duráveis por mais tempo.

LUCRANDO COM

BARBEARIA

⚜ GUIA COMPLETO ⚜

TÉCNICAS DE ACABAMENTO DE CORTES

Técnicas de Acabamento de Cortes

existem diversas técnicas de acabamento de cortes em barbearia, e a escolha da melhor técnica dependerá do tipo de corte, do tipo de cabelo e do estilo desejado pelo cliente. Algumas técnicas comuns incluem:

1.   Navalha: A navalha é uma técnica de acabamento que permite cortar os cabelos em ângulos diferentes, proporcionando um acabamento mais suave e natural.

2.   Tesoura sobre pente: Essa técnica envolve passar uma tesoura sobre um pente, cortando o cabelo na altura desejada e proporcionando um acabamento uniforme.

3.   Máquina de acabamento: As máquinas de acabamento são ideais para cortes mais curtos, como os fades. Elas possuem lâminas específicas para diferentes acabamentos, como o fade, por exemplo.

4.   Técnica do pente e tesoura: Essa técnica envolve a utilização do pente para direcionar os cabelos para cima e, em seguida, utilizar uma tesoura para cortar o cabelo no comprimento desejado.

5.   Técnica de texturização: A texturização é uma técnica utilizada para retirar o excesso de volume ou deixar o cabelo mais despojado. Ela envolve o uso de uma tesoura desfiadeira ou uma navalha para retirar pequenas mechas de cabelo.

É importante que o barbeiro tenha habilidade e conhecimento para escolher a melhor técnica de acabamento para cada tipo de corte e de cabelo. Além disso, o barbeiro deve estar sempre atualizado e se aperfeiçoando nas técnicas de acabamento, para oferecer um serviço de qualidade aos seus clientes.

Existem muitos penteados e finalizações que os barbeiros podem oferecer aos seus clientes. Aqui estão algumas dicas gerais sobre como fazer alguns dos penteados e finalizações mais populares na barbearia:

1. Pompadour: O pompadour é um penteado que requer cabelo mais longo no topo e curto nas laterais. Use uma tesoura para cortar o cabelo no topo, penteie-o para trás e use um secador de cabelo e um pente para levantar o cabelo. Adicione um pouco de pomada ou cera para segurar o penteado no lugar.

2. Undercut: O undercut é um penteado em que o cabelo nas laterais é cortado bem curto ou raspado, enquanto o cabelo no topo é deixado mais longo. Use uma tesoura ou uma máquina de cortar cabelo para cortar o cabelo nas laterais e um pente para pentear o cabelo no topo. Use um pouco de pomada ou cera para segurar o cabelo no lugar.

3. Slick Back: O slick back é um penteado clássico que envolve pentear o cabelo para trás.

Use um pente para pentear o cabelo para trás e, em seguida, aplique uma pequena quantidade de pomada ou cera para segurar o cabelo no lugar.

1. Quiff: O quiff é semelhante ao pompadour, mas é um pouco mais curto e tem menos volume no topo. Use uma tesoura para cortar o cabelo no topo, penteie-o para trás e use um secador de cabelo e um pente para levantar o cabelo. Adicione um pouco de pomada ou cera para segurar o penteado no lugar.

2. Finalização com navalha: A finalização com navalha é uma técnica usada para limpar e aprimorar o contorno do corte de cabelo ou barba. Use uma navalha afiada para cortar o cabelo ou barba no contorno e garantir um acabamento suave.

Em geral, para realizar penteados e finalizações, é importante ter as ferramentas certas, como tesouras, máquinas de cortar cabelo, pentes e pomadas ou ceras para cabelo. Também é importante ter habilidade e prática para alcançar o resultado desejado.

LUCRANDO COM BARBEARIA

GUIA COMPLETO

TÉCNICAS USADAS PARA FAZER BARBA

Técnicas usadas para fazer barba

Existem diversas técnicas para fazer a barba em uma barbearia. Algumas das técnicas mais comuns incluem:

1.   Barba com navalha: A barba com navalha é uma técnica que envolve o uso de uma navalha para cortar os pelos da barba. É uma técnica que requer bastante habilidade e prática para realizar com segurança e precisão.

2.   Barba com máquina: A barba com máquina envolve o uso de uma máquina de cortar cabelo para cortar os pelos da barba. É uma técnica mais rápida e fácil de realizar, e é ideal para barbas mais curtas.

3.   Barba com tesoura: A barba com tesoura envolve o uso de uma tesoura para aparar os pelos da barba. É uma técnica que permite um maior controle e precisão no corte, mas pode levar mais tempo do que outras técnicas.

4.   Barba com pente e tesoura: A barba com pente e tesoura envolve o uso de um pente para direcionar os pelos da barba para cima, e uma tesoura para cortar os pelos na altura desejada.

5.   Barba com aparador elétrico: O aparador elétrico é uma ferramenta que permite cortar e aparar os pelos da barba de forma rápida e fácil. É uma técnica bastante comum em barbearias.

É importante que o barbeiro tenha habilidade e conhecimento para escolher a melhor técnica de acordo com o tipo de barba e o estilo desejado pelo cliente. Além disso, é essencial seguir os cuidados de higiene e segurança para garantir um serviço de qualidade e seguro para o cliente e para o barbeiro.

modelos de barba

Existem diversos modelos de barba que podem ser feitos em uma barbearia, cada um com seu estilo e características únicas. Aqui estão alguns dos modelos de barba mais populares:

1.   Barba cheia (Full beard): é uma barba completa que cobre todo o rosto, incluindo o pescoço. É uma barba densa e longa, que pode ser aparada e modelada de várias maneiras.

2.   Barba por fazer (Stubble): é uma barba curta e rala que parece estar por fazer. É uma barba mais fácil de manter e pode ser usada em diversos comprimentos.

3.   Barba de três dias (Three-day beard): é uma barba mais longa que parece ter crescido por cerca de três dias. É uma barba curta e bem definida, que pode ser aparada e modelada de várias maneiras.

4.   Barba Van Dyke: é uma barba mais curta que consiste em um bigode fino e pontiagudo e uma pequena barba no queixo.
É uma barba estilizada e elegante.

1.   Barba curta (Short beard): é uma barba mais curta e bemdefinida, que pode ser usada em diversos comprimentos. É uma barba fácil de manter e pode ser aparada e modelada de várias maneiras.

2.   Barba cavanhaque (Goatee): é uma barba estilizada que consiste em uma pequena barba no queixo. Pode ser combinada com um bigode ou deixada sozinha.

3.   Barba falhada (Patchy beard): é uma barba que não cresceuniformemente e apresenta falhas em algumas áreas. Pode ser aparada e modelada de diversas maneiras para criar um estilo único.

Esses são apenas alguns exemplos de modelos de barba que podem ser feitos em uma barbearia. Um bom barbeiro pode ajudar a escolher o modelo que melhor se adapta ao rosto e estilo de cada cliente.

LUCRANDO COM

BARBEARIA

GUIA COMPLETO

ÉCNICAS DE SOBRANCELHAS

BARBEARIA

Técnicas de Sobrancelhas barbearia

As sobrancelhas são uma parte importante do rosto e podem ser moldadas e aparadas para criar uma aparência mais definida e harmoniosa. Algumas das técnicas mais comuns para sobrancelhas em barbearia incluem:

1. **Depilação com pinça**: A depilação com pinça envolve a utilização de uma pinça para retirar pelos indesejados e moldar as sobrancelhas de acordo com o formato desejado.

2. **Depilação com cera**: A depilação com cera é uma técnica mais duradoura, que envolve a aplicação de cera quente ou fria sobre as sobrancelhas e a retirada dos pelos indesejados com o auxílio de tiras de papel.

3. **Micro pigmentação**: A micro pigmentação é uma técnica que envolve a aplicação de pigmentos na pele para criar a ilusão de sobrancelhas mais preenchidas e definidas.

4. **Design de sobrancelhas**: O design de sobrancelhas envolve a avaliação do formato do rosto e das sobrancelhas do cliente para criar um formato que seja mais harmonioso e atraente.

5. **Preenchimento de sobrancelhas**: O preenchimento de sobrancelhas envolve o uso de lápis ou sombras para preencher falhas ou áreas mais finas das sobrancelhas, criando um aspecto mais uniforme e natural.

É importante que o profissional de barbearia tenha habilidade e conhecimento para escolher a melhor técnica de acordo com o tipo de sobrancelhas e estilo desejado pelo cliente. Além disso, é essencial seguir os cuidados de higiene e segurança para garantir um serviço de qualidade e seguro para o cliente e para o profissional de barbearia.

os tipos de sobrancelhas

1.   **sobrancelhas naturais (Natural brows)**: são sobrancelhas que não foram modeladas ou aparadas de forma significativa. O objetivo é manter a aparência natural das sobrancelhas, apenas aparando os pelos que estão fora do lugar.

2.   **Sobrancelhas arqueadas (Arched brows)**: são sobrancelhas que foram modeladas para criar uma curva suave ou acentuada na parte superior. Esse modelo de sobrancelha pode ajudar a criar a ilusão de um olhar mais aberto e definido.

3.   **Sobrancelhas retas (Straight brows)**: são sobrancelhas que foram modeladas para ter uma aparência reta e horizontal. Esse modelo de sobrancelha pode ajudar a criar uma aparência mais forte e definida.

4.   **Sobrancelhas espessas (Thick brows)**: são sobrancelhas que foram aparadas para remover os pelos em excesso e criar uma aparência mais cheia e espessa.

5.   **Sobrancelhas finas (Thin brows)**: são sobrancelhas que foram aparadas para criar uma aparência mais fina e definida.

6.   **Sobrancelhas angulares (Angular brows)**: são sobrancelhas que foram modeladas para criar uma aparência angular e definida. Esse modelo de sobrancelha pode ajudar a criar a ilusão de um rosto mais alongado e esculpido.

7.   **Sobrancelhas com design (Designed brows)**: são sobrancelhas que foram modeladas em um formato específico, como uma linha curva ou angular. Esse modelo de sobrancelha pode ajudar a criar uma aparência única e personalizada.

Esses são apenas alguns exemplos de modelos de sobrancelhas que podem ser feitos em uma barbearia. Um bom barbeiro deve ajudar a escolher o modelo que melhor se adapta ao formato do rosto e estilo de cada cliente.

LUCRANDO COM BARBEARIA

GUIA COMPLETO

CORTES DE CABELOS

Cortes de cabelo (Capítulo)

- **Cortes freestyle**

Existem várias técnicas de freestyle que podem ser usadas para criar cortes de cabelo e barba exclusivos. Aqui estão algumas das técnicas mais comuns:

1. Desvanecimento (Fade): é uma técnica em que o cabelo é cortado gradualmente, começando com um comprimento mais curto na nuca e se tornando mais longo na parte superior da cabeça. O objetivo é criar uma transição suave entre os comprimentos diferentes.

2. Camadas (Layers): consiste em cortar o cabelo em camadas diferentes, cada uma com um comprimento diferente, para criar volume e textura.

3. Navalha (Razor Cutting): essa técnica envolve o uso de uma navalha para cortar o cabelo em camadas finas e texturizadas.
    É uma técnica usada para criar um estilo mais descontraído.

4. Desbastamento (Thinning): essa técnica é usada para remover o excesso de volume do cabelo sem alterar o comprimento. É uma técnica comum para cabelos mais espessos e volumosos.

5. Escovação (Brushing): essa técnica envolve a escovação do cabelo em diferentes direções para criar uma aparência mais descontraída e natural.

6. Esfumaçado (Smudging): é uma técnica usada para suavizar as bordas duras de um corte de cabelo ou barba, criando uma transição suave entre o cabelo e a pele.

7. Texturização (Texturizing): é uma técnica usada para adicionar textura e movimento ao cabelo, usando uma tesoura ou navalha para cortar o cabelo em ângulos diferentes

8. Técnicas de desenho (Design Techniques): envolvem o uso de uma navalha ou tesoura para criar desenhos ou padrões no cabelo ou barba, como linhas ou letras.

Essas são apenas algumas das técnicas comuns de freestyle barbearia. Um bom barbeiro deve ter habilidade em várias técnicas para criar cortes de cabelo e barba personalizados e exclusivos.

- **corte de cabelo infantil**

O corte de cabelo infantil na barbearia pode ser um momento divertido e importante para as crianças. Aqui estão algumas dicas e sugestões para um corte de cabelo infantil bemsucedido em uma barbearia:

1. Escolha um barbeiro experiente em cortes de cabelo infantis: Certifique-se de escolher um barbeiro experiente em cortes de cabelo infantis, que saiba como lidar com crianças e tornar o processo divertido e agradável para elas.

2. Escolha um estilo de corte de cabelo adequado: Existem muitos estilos de corte de cabelo infantil, desde cortes curtos e simples até cortes mais elaborados e com estilo. Converse com o barbeiro e escolha um estilo de corte que seja adequado para a idade da criança e seu tipo de cabelo.

3. Explique o processo para a criança: Antes do corte de cabelo, explique o processo para a criança, mostrando-lhe o que será feito e como o barbeiro irá aparar e cortar o cabelo.

4. Crie um ambiente divertido e relaxado: Para tornar o corte de cabelo mais divertido e menos estressante, crie um ambiente relaxado e divertido na barbearia. Algumas barbearias possuem áreas especiais para crianças, com brinquedos e jogos para mantê-las entretidas durante o processo.

5. Ofereça incentivos: Ofereça incentivos para a criança, como um doce ou um adesivo, para tornar o processo mais agradável e recompensador.

6. Mantenha a criança confortável: Certifique-se de que a criança esteja confortável durante todo o processo, oferecendo um assento adequado e um avental para evitar que os pelos do cabelo caiam sobre a roupa.

7. **Mantenha a calma**: Em caso de crianças mais agitadas, mantenha a calma e mantenha a paciência, lembrando-se que o corte de cabelo infantil pode ser um processo desafiador, mas também muito gratificante.

Com essas dicas em mente, o corte de cabelo infantil na barbearia pode se tornar um momento divertido e agradável para a criança e seus pais.

- **corte de cabelo social**

O corte de cabelo social é um estilo clássico e elegante que é adequado para ocasiões formais e profissionais. Aqui estão algumas dicas para conseguir um corte de cabelo social:

1. **Comunique seus objetivos**: Comunique ao seu barbeiro o estilo que você deseja, explicando se quer um corte mais curto ou mais longo, mais despojado ou mais alinhado. Discuta as opções e chegue a um acordo sobre o estilo que melhor atenda às suas necessidades.

2. **Escolha um comprimento adequado**: O comprimento do cabelo social varia, mas é geralmente mais curto nas laterais e na parte de trás, com o cabelo mais longo na parte superior. Escolha um comprimento que combine com o seu estilo pessoal e com o tipo de trabalho que você tem.

3. **Preste atenção à simetria**: Certifique-se de que o corte de cabelo seja simétrico, com comprimentos iguais nas duas laterais e na parte superior.

4. **Apare as pontas**: Apare as pontas do cabelo para garantir que o corte fique alinhado e os cabelos não fiquem

5. **Use produtos de cabelo**: Use produtos de cabelo para ajudar a definir o estilo e manter o cabelo no lugar. Por exemplo, pomada, gel ou cera podem ajudar a manter o cabelo no lugar e a dar mais volume e textura.

6. **Mantenha o cabelo saudável**: Mantenha o cabelo saudável com um cuidado regular, incluindo lavagem regular, condicionamento e tratamentos como hidratação e corte de pontas.

7.	**Mantenha o corte regularmente**: Para manter um corte de cabelo social, é importante manter o corte regularmente, geralmente a cada quatro a seis semanas, para garantir que o cabelo permaneça em forma e alinhado.

Essas são algumas dicas para conseguir um corte de cabelo social elegante e bem-sucedido. Lembre-se de que o corte de cabelo social deve ser adequado ao seu estilo pessoal e ao tipo de trabalho que você tem, e converse com o seu barbeiro sobre as melhores opções para você.

● **Cortes de cabelo Avançados na barbearia**

Existem muitos cortes de cabelo avançados que os profissionais de barbearia podem dominar para atender às necessidades e desejos de seus clientes. Alguns dos cortes de cabelo mais avançados incluem:

1.	**Corte desconectado**: O corte desconectado é um corte de cabelo que envolve a criação de seções distintas de cabelo, com cada seção tendo um comprimento e direção diferentes. Este estilo é frequentemente escolhido por aqueles que desejam uma aparência mais ousada e moderna.

2.	**Corte em camadas**: O corte em camadas envolve o corte do cabelo em diferentes comprimentos, criando camadas que adicionam textura e movimento ao cabelo. Este estilo é adequado para cabelos mais finos e lisos.

3.	**Corte com navalha**: O corte com navalha envolve o uso de uma navalha para cortar o cabelo, criando uma aparência mais suave e natural. Este estilo é adequado para cabelos mais grossos e ondulados.

4.	**Corte assimétrico**: O corte assimétrico envolve a criação de um lado mais longo ou mais curto do que o outro, criando uma aparência desalinhada e assimétrica. Este estilo é frequentemente escolhido por aqueles que desejam uma aparência mais ousada e moderna.

5.	**Corte com textura**: O corte com textura envolve o uso de técnicas especiais para adicionar textura ao cabelo, criando uma aparência mais natural e despojada. Este estilo é adequado para cabelos mais finos e lisos.

É importante que os profissionais de barbearia tenham habilidade e conhecimento para escolher o corte de cabelo mais adequado para cada cliente, levando em consideração o tipo de cabelo, formato do rosto e estilo desejado. Além disso, é essencial seguir os cuidados de higiene e segurança para garantir um serviço de qualidade e seguro para o cliente e para o profissional de barbearia.

LUCRANDO COM

BARBEARIA

GUIA COMPLETO

APRENDA A REALIZAR LUZE
DA FORMA CORRET

Aprenda a realizar Luzes de forma correta em seus clientes

A realização de luzes no cabelo é um serviço que geralmente é realizado por cabeleireiros profissionais. No entanto, em algumas barbearias, também é possível encontrar profissionais que realizam esse serviço. Aqui estão algumas dicas para realizar luzes no cabelo na barbearia:

1. Primeiro, é importante escolher o produto certo para o cabelo do cliente. Existem diferentes tipos de produtos de clareamento disponíveis, desde os mais suaves até os mais agressivos. É importante escolher um produto que seja adequado para o tipo de cabelo do cliente.

2. Antes de começar o processo de clareamento, é importanteproteger a pele do cliente com um creme protetor. Isso evitará que o produto de clareamento cause irritação ou queimaduras na pele.

3. Divida o cabelo em seções para garantir que todas as áreassejam cobertas uniformemente. Use uma escova de cabelo para aplicar o produto de clareamento nas mechas

4. Verifique a cada 5 a 10 minutos para avaliar o clareamento eremover o produto assim que a cor desejada for alcançada. É importante observar o tempo de clareamento, pois deixar o produto por muito tempo pode danificar o cabelo e até mesmo queimar o couro cabeludo.

5. Lave o cabelo do cliente com água morna e um shampoohidratante para remover completamente o produto de clareamento.

6. Finalize com um tratamento de condicionamento para hidratar e nutrir o cabelo após o processo de clareamento.

Lembre-se de sempre seguir as instruções do fabricante do produto e realizar um teste de mecha antes de aplicar o produto em todo o cabelo do cliente. A realização de luzes no cabelo é um processo delicado que pode danificar o cabelo se não for realizado corretamente, portanto, certifique-se de ter o conhecimento necessário antes de realizar esse serviço na barbearia.

LUCRANDO COM
BARBEARIA
◆ GUIA COMPLETO ◆

PIGMENTAÇÃO
PERMANENTE

Pigmentação permanente

A pigmentação permanente de cabelo é um serviço que geralmente é realizado por cabeleireiros profissionais, mas em algumas barbearias, também é possível encontrar profissionais que realizam esse serviço. Aqui estão algumas dicas para realizar pigmentação permanente de cabelo na barbearia:

1.   Certifique-se de que o cabelo do cliente esteja limpo e secoantes de começar o processo de pigmentação. Isso ajudará a garantir que o produto de pigmentação adira ao cabelo de maneira uniforme.

2.   Escolha a cor correta para o cabelo do cliente. É importante avaliar a cor natural do cabelo do cliente e escolher uma cor de pigmentação que seja adequada para o tom de pele dele.

3.   Divida o cabelo em seções para garantir que todas as áreas sejam cobertas uniformemente. Use uma escova de cabelo para aplicar o produto de pigmentação nas mechas selecionadas.

4.   Deixe o produto de pigmentação no cabelo pelo tempo recomendado pelo fabricante. Verifique o tempo de clareamento periodicamente para garantir que o cabelo não fique muito escuro ou muito claro.

5.   Enxágue o cabelo do cliente com água morna e um shampoo hidratante para remover completamente o produto de pigmentação.

6.   Finalize com um tratamento de condicionamento para hidratar e nutrir o cabelo após o processo de pigmentação.

Lembre-se de sempre seguir as instruções do fabricante do produto e realizar um teste de mecha antes de aplicar o produto em todo o cabelo do cliente. A pigmentação permanente de cabelo é um processo delicado que pode danificar o cabelo se não for realizado corretamente, portanto, certifique-se de ter o conhecimento necessário antes de realizar esse serviço na barbearia.

LUCRANDO COM BARBEARIA

GUIA COMPLETO

COMO FAZER

SELAGEM

Como fazer selagem

A selagem é um tratamento capilar que ajuda a fechar as cutículas dos fios, diminuindo a porosidade e deixando o cabelo mais brilhante, hidratado e saudável. Aqui estão os passos para fazer a aplicação de selagem na barbearia:

1.   **Lave o cabelo**: Comece lavando o cabelo do cliente com um shampoo de limpeza profunda para remover qualquer resíduo e oleosidade. Enxágue bem e seque o cabelo com uma toalha.

2.   **Aplique a selagem**: Separe o cabelo em mechas e aplique a selagem com um pincel, começando pela raiz e espalhando até as pontas. Certifique-se de cobrir todo o cabelo e evitar o contato com o couro cabeludo.

3.   **Deixe agir**: Deixe a selagem agir pelo tempo indicado na embalagem do produto. Geralmente, é entre 20 e 40 minutos.

4.   **Enxágue**: Após o tempo de pausa, enxágue bem o cabelo com água morna, removendo completamente a selagem.

5.   **Seque o cabelo**: Seque o cabelo com o secador, utilizando uma escova para modelar o cabelo e deixá-lo

6.   **Finalize**: Finalize o cabelo com produtos de finalização, como pomada ou spray de fixação, se necessário.

Lembre-se de seguir as instruções do fabricante da selagem que você escolher e tome cuidado para não deixar a selagem entrar em contato com os olhos ou mucosas. Com esses passos, a aplicação de selagem na barbearia pode ser uma ótima opção para oferecer aos seus clientes um tratamento capilar completo e eficaz.

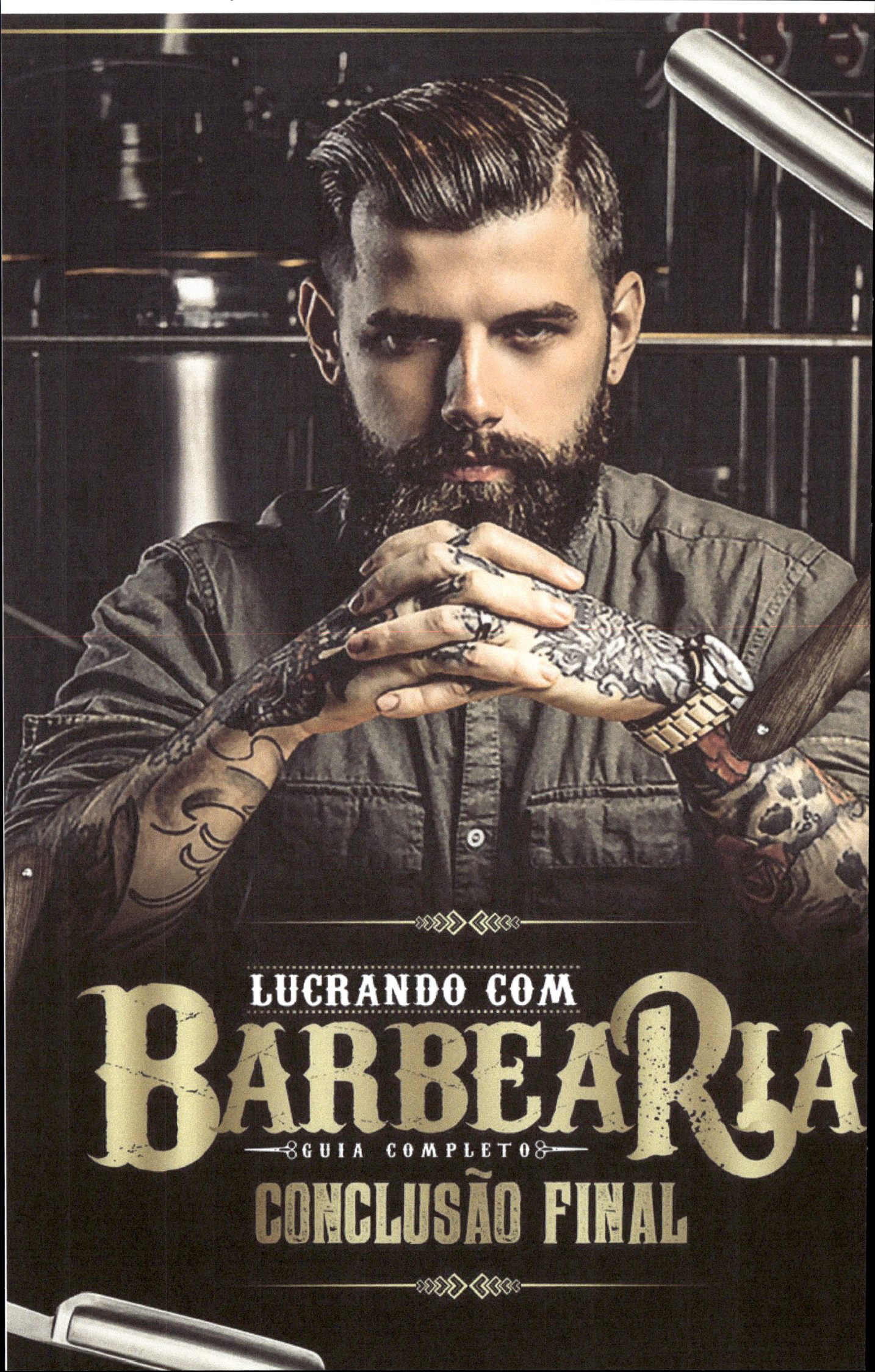

LUCRANDO COM

BARBEARIA

GUIA COMPLETO

CONCLUSÃO FINAL

Conclusão

Abrir uma barbearia pode ser uma excelente oportunidade para quem busca empreender no ramo da beleza masculina.

No entanto, é importante lembrar que, assim como qualquer negócio, é necessário planejamento, dedicação e comprometimento para alcançar o sucesso.

Para abrir uma barbearia, é importante estudar o mercado local e identificar a demanda por serviços de barbearia na região.

Além disso, é necessário investir em equipamentos e produtos de qualidade, contratar profissionais capacitados e oferecer um ambiente agradável e acolhedor para os clientes.

Com um bom atendimento, um serviço de qualidade e uma estratégia de marketing eficaz, é possível atrair e fidelizar clientes e consolidar a barbearia como referência na região.

Porém, é importante lembrar que o sucesso do negócio depende de um esforço constante e uma visão Em resumo, abrir uma barbearia pode ser uma ótima opção para quem busca empreender no ramo da beleza masculina, desde que haja planejamento, dedicação e comprometimento. Com as estratégias certas, é possível alcançar o sucesso e oferecer um serviço de qualidade aos clientes.

Obrigado por ler até aqui!

www.ingramcontent.com/pod-product-compliance
Lightning Source LLC
Chambersburg PA
CBHW081543090426

42741CB00014BA/3247